夢うつつ

琉球風画帖

文・画　ローゼル川田

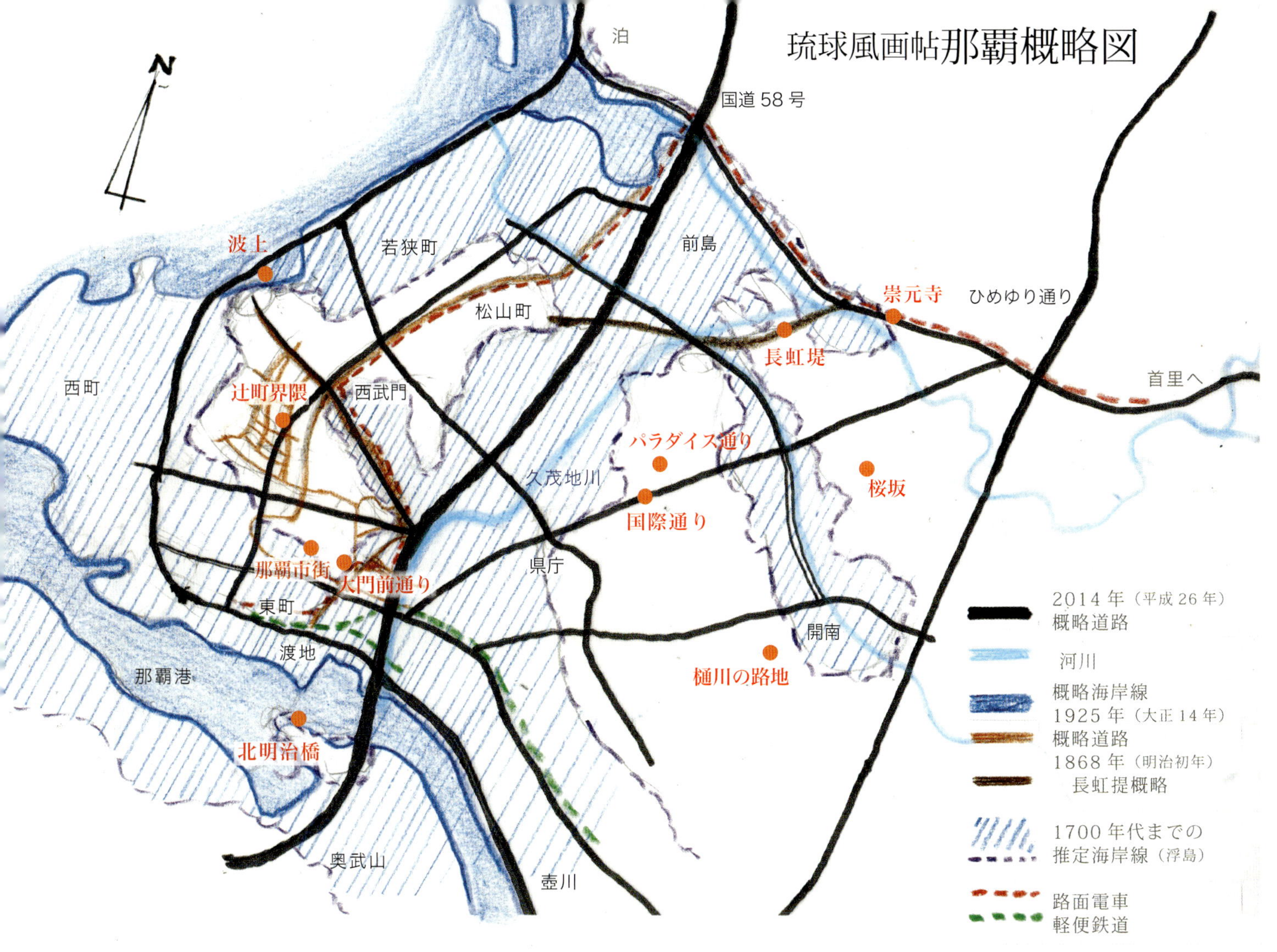
琉球風画帖那覇概略図
N
泊
国道 58 号
波上
若狭町
前島
崇元寺
ひめゆり通り
松山町
長虹堤
首里へ
西町
辻町界隈
西武門
パラダイス通り
久茂地川
桜坂
国際通り
那覇市街
大門前通り
県庁
東町
開南
渡地
樋川の路地
那覇港
北明治橋
奥武山
壺川
2014 年（平成 26 年）
概略道路
河川
概略海岸線
1925 年（大正 14 年）
概略道路
1868 年（明治初年）
長虹提概略
1700 年代までの
推定海岸線（浮島）
路面電車
軽便鉄道

琉球風画帖　夢うつつ／目次

琉球風画帖　戦前編

琉球風画帖　戦後編

プロローグ―消えた風景、懐かしい風景

幼い頃、周囲の大人たちの昔話を何気なく耳にすることがあったが、戦前の話題が多かったこともあり、其々のリアルな風景を想像することは出来なかった。戦前の首里の界隈、名前の付いた井戸、那覇の市街地、ヌヌマチ（反物市場）、山之口貘が住んでいた東町大門前界隈、芝居小屋や映画館、辻界隈、泉崎、国際通りになった新県道、軽便鉄道、那覇から首里までを走る電車、馬車、人力車の話など、おぼろげに浮かんでくるだけである。

その大人たちも高齢になり、昔話を聞く機会も急速に減った。

記憶の奥底にある風景の出発点は一九五〇年代の半ばから始まる。去る大戦で荒野と化し、消えてしまった近現代の沖縄の風景は、戦前と戦後を境に突然変異のように激変した。戦前まで続いてきた風景や景色、文明や文化は、突然切断され接木されたのである。古い市街地の壊滅と復興に伴う新市街地の成り立ち。新旧重なり合う道もあり、その一つ、泉崎交差点辺り（大門前）から波上方向に伸びる龍脈のような緩やかな曲線をもつ軸線の道は昔を偲ばせる。

○

一四〇〇年代の半ば頃、石造の海中道路「長虹堤（ちょうこうてい）」が造られたという。一八三〇年代に葛飾北斎によって描かれた「琉球八景」の一つに「長虹秋霽」が描かれている。その絵を発端に、リアルな「長虹堤」を描いてみようと思いたち、古い地図を基に古（いにしえ）の「長虹堤」の水彩画を描いてみると、一四〇〇年代の石造の海中道路が海岸線に現れたようだった。さらに、現在の地図に縮尺を合わせて重ねてみると多少のズレはあるものの、ほぼ重なり合う道行（みちゆき）を見つけた。その路地を掘り下げていくと、きっと、古の「長虹堤」が現れるに

違いない。

昔のモノクロの絵はがきや古い写真を見たり、いろいろ書かれた資料を眺めていると、耳に残された記憶と重なり合い、風景が立体化して立ちのぼってくる。

『南方文化の探究』の著者である河村只雄は昭和十一年に沖縄を訪れ「首里の高台から望んだ那覇の景色はカルフォルニアの沿岸にでも立ってあたりを眺めた時をしのばせるような大陸的なものであった」と述べている。ほぼ同時期に写された那覇の市街地を俯瞰した小さなモノクロ写真を基に、水彩画を描いてみた。密集した赤瓦葺きの屋根の波とガジュマルの緑のコントラストが明るい日差しの下に浮かび上がり、河村只雄の景色の印象が色めき始めた。

同じように、戦前の消えた風景をモノクロの写真から手繰り寄せて水彩画を描いていると、その風景を窓にして自然や景観や人々が動き出し、夢うつつにその空間の中を歩き始める。

○

今から約一〇〇年前のこと。チージ（辻）の界隈からバイオリンの音色で「ゴンドラの唄」が聴こえてくる。チージのバイオリンカメ（バイオリン弾きのカメ）が夕暮れの妓楼の窓辺に腰をかけて弾いている姿を想像すると、そのシーンを描かずにはいられなくなった。黒澤明の映画「生きる」のワンシーンで志村喬がブランコに揺れながら、流れてくるあのゴンドラの唄と重なってくる。

「大門前通り（うふじょーめー）」を描いた際には、その当時、その界隈に住んでいた方から連絡を頂き、大門前を中心に那覇の旧市街地の話を聞く機会に恵まれた。風景を基にして、その当時のいろいろなシーンを登場させ、リアルに生き生きと語られた。

頭上にご馳走を載せ那覇から移動して、浦添の小湾の浜辺で浜下りを楽しんでいる女性達。那覇の西洋建築の教会で絵の展示会をしている山之口貘少年。人力車に乗ったチージ美女の追っかけをする大人や子供たちの姿。いろいろな断片のシーンが風景に散りばめられていく。

○

敗戦後、沖縄は米軍の統治下となり、那覇の市街地は軍事拠点エリアとなる。その後、開放されるエリアごとに住み着いて生活を営み、拡散された点としてのエリアに、商いの場所や集落が自然発生的に形成されていったのである。復興の起点のひとつでもあった壺屋をはじめ、劇場（露天の芝居小屋）や映画館。闇市は逞しく増殖し市場を形成していく。

開南、壺屋、神里原を基点にしながら、新県道沿いには店や映画館が建ち並び、復興期のシンボルとなる。軍政下の規制を受けながら、その合間をぬって増殖していった戦後の住宅地や市街地。

復興期の少年時代のある日、子供用三輪車の車輪と板材を使い、粗末なゴーカートを作った。首里の山川の交差点まで運ぶと、那覇を見下ろしゴーカートに乗った。車輪のゴロゴロとした振動を身体に受けながら、交通量の少なかった坂道を一気に流れ下って行った。松川辺りの平坦地で止まった。左右の狭い路地に密集する小さな民家群が、原風景のひとつにもなった。戦後の復興期の那覇は、同じような集落と路地が点在し、蜘蛛の巣状に野放図に繋がっていったかのように見える。

それらの風景も半世紀以上が過ぎてしまった。今も残る、木造茅葺、トタン、セメント瓦、赤瓦からブロック造、花ブロックやコンクリート造の風景に、置き忘れてきた時代の流れを読み取ることができる。

それらの風景は、同時代の時間と素材のエレメントをコラージュして、沖縄全島に同じような共通項をもつ風景を創出した。現存する風景の中で、特に戦後まもなく出来上がった、置き忘れたかのような路地と民家群。今も残る界隈の狭い路地を歩いているとホッとした気分になる。幅一メートル前後の路地の両側には木造の低い民家が軒を連ねている。その民家に挟まれるように歩いていると、両側の民家の家人たちの声が路地に流れて消えてゆく。気だるそうな猫や小さな鉢植え等、それらの風景は確かに安堵を与えてくれる。昔のように路地が生き生きと生活に密着していた時代から、子供たちや大人たちの姿は消えて行き、ただ通り過ぎる通路となっていったように思える。

整然と巨大化するグリッド状の街に、寄り添うような路地の集落は消えていくに違いない。しかしながら、それらの古い集落が歴史の奥行きを偲ばせ、現在の整然とした風景の中で、身体性を実感させる場所であることを覚えている。

○

気の向くままに、あっちこっちと移動しながら消えた風景と今も残る消えそうな懐かしい風景の断片を掘り起こし、夢うつつの身体を潜らせて描きながらエッセイを綴っていった。

本書は二〇一一年一一月二八日から『琉球新報』に連載を開始し、その後副読紙『かふう』に移り現在まで連載している「琉球風画夢うつつ」の水彩画と原稿を基にした。読者の方々から声を掛けてもらったり、描いた水彩画の場所に住んでいた方からは、当時のリアルなエピソードを付け加えてくれた。そのことは、消えた風景や懐かしい風景が、今も生き生きと現前化して動き出し、風景の中を歩いているような実感を与えてくれた。

琉球風画帖

～戦前編～

「長虹提」幻想

石造りの海中道路

古代の那覇の想像図（『那覇の今昔』沖縄風土記社）を見ると、那覇は海辺の埋め立てを重ね、陸地と海岸線の形状の移り変わってきた様を読み取ることが出来る。那覇の北方向の海には、あめくぐち（泊港辺り）の河口があり、南方向は漫湖が大きく広がっていた。現在は内陸部に位置する泉崎が当時は海岸線に位置し、現在の久茂地川を海峡として、その北西側の海には浮島と呼ばれる小島があった。そしてその浮島は松尾山（松山辺り）、辻山、上之蔵、若狭、そして先端が波上（花城）である。

西側の対岸には垣花や小禄の陸地が広がり、その間の海と河口はなはどまり（那覇港）と呼ばれ、河口の真ん中辺りには奥武山の小島が浮かんでいる。若狭と泊港の間にあった入り江の海辺は十貫瀬を扇の要に塩田風景が見られるエリアであった。後に、波上を陸地の先端に、左右に翼を広げるように浮島と陸地の間は埋め立てられ地続きとなり、塩田地帯や三重城の東側の西の海一帯も埋め立てられ陸地となる。

琉球王朝時代から去る大戦までの那覇の中心市街地は、那覇港を控えてこの元浮島であった久米、西、東、若狭、辻、松山（松尾山）の一帯であった。

その昔、中国からの冊封使行列は総勢約五〇〇人以上に及び、那覇から首里城までの道行であった。そのため道中の松山（一丁目辺り）から美栄橋を経て崇元寺までの間に木の橋（舟橋）が架けられたが、

長虹堤、崇元寺橋〜イベガマへ
1600年〜

度重なる台風や水害により不便を来たしていた。

一四〇〇年代の半ば頃、時の尚金福王が國相の懐機（華人）に命じ、石造の海中道路「長虹提」を完成させた。当時の浮島の東端の海岸沿い（現在の松山一丁目辺り）から久茂地川に沿うように十貫瀬を経て崇元寺までの約一キロメートルに及ぶ大掛かりな工事であった。石造の海中道路には七つの水門が設けられ、橋が架けられた。長虹提の完成により、那覇と首里間の交通が便利になった。

知られているように葛飾北斎が描いた浮世絵「琉球八景」のひとつに「長虹秋霽」がある。北斎が琉球を訪れた記録はなく、琉球の冊封副使の周煌によって書かれた『琉球國志略』にある「球陽八景」を参照に描かれたと言われている。

那覇の古い地図を基に崇元寺の安里橋（現在の崇元寺橋）から牧志、十貫瀬、美栄橋辺りを通る「長虹提」の鳥瞰の水彩画を描いた。四〇〇年以上の時を経て、今も残る「崇元寺」や牧志の「七つ墓」の森、川の流れなどを基準にして描いた水彩画と、古の「長虹堤」の道を現在の地図に重ねて作図し、その二つを携えて「長虹提」歩きを始める。

今では見果てぬ夢となり、市街地の地中に眠っている古の「長虹提」の始まりである崇元寺の前の通りは。そこから崇元寺橋を渡り、長虹橋の川面に浮かぶアヒルを眺め、牧志と久茂地川の間の路地やビルの隙間を縫いながら可能な限り、石造の海中道路「長虹堤」の真上を歩いてみる。

昔は潟原塩田や海岸線沿いにあった十貫瀬の路地を久茂地川と平行に進むとモノレールの美栄橋駅辺りに出る。ビルが建ち並び、車や人の往来で賑わっている場所は昔の「長虹提」の半ば辺り。美栄橋駅とジュンク堂書店の付近には今も残る「七つ墓」の森があり、基準点の一つとなる。久茂地川を横切り界隈の路地をクランク状に歩きながら国道五八号に出て、道を横断すると、松山一丁目辺りまでの約一キロメートルが「長虹提」の道のりである。そこから松山、波上、久米、那覇港辺りへと古の道はさらに続いていたのであろう。

ほぼ道半ばにある美栄橋は長虹堤に架かる橋の一つとして知られている。その橋と駅の袂に、今は一人のホームレスが定住し、ペットボトルや袋が並べられている。その川面に映った空を眺めている

と冊封使行列の様子が浮かび上がり、眩しいアスファルトの道に視線を落とすと古の「長虹堤」が重なり合う。路地楽の楽隊を連れた長い冊封使行列がゆっくりとした一定のリズムで通り過ぎて行く。西方の松尾山の松並木は陽光に耀いて緑風が行列を撫でていく。石造の小高い道は崇元寺の方へと続き、行列は田園風景を鮮やかに染め上げながら遠ざかる。

はるか昔の「長虹提」を歩いている人々や冊封使節の行列に混じり、風の音や波の音が立ちのぼり、夢うつつの風景の中に誘い込む。

筍崖夕照

波上と龍脈の丘

その昔、那覇の波上（花城）は浮島の先端であった。一四〇〇年代に崇元寺から松山まで石造の海中道路、長虹堤が造られ、その後、明治の初め頃、久茂地、松山が浮島と地続きになった。

著名な浮世絵師として知られる葛飾北斎が「琉球八景」を描き、一八三〇年代に刷られたとされる錦絵（多色刷りの木版画）には、埋め立て以前の那覇周辺の八ヵ所の景勝地が描かれている。

泉崎橋辺りの「泉崎夜月」、「中島蕉園」、「長虹秋霽」、「臨海潮聲」、「粂村竹籬」、「龍洞松濤」、「城嶽靈泉」、「筍崖夕照」など、北斎、独特の表現によって那覇の景勝地が幻想的にデフォルメ化され、浮遊感が漂っている。その頃、北斎が琉球を訪れた記録は見当たらない。一七五六年に冊封使の周煌がまとめた『琉球國志略』の中にある挿図の「球陽八景図」を参照に描かれた浮世絵とされている。

「筍崖夕照」は波上宮と護国寺が海の断崖へせり上がり、宙に浮かび上がるように幻想的でありながらリアリティーを感じさせる。龍脈のように伸びる道は波上へ登りつめている。

熊野三社権現を祀り、琉球八社の一つの波上宮。『琉球神道記』には《此の権現ハ、琉球第一大霊現ナリ。建立ノ時代ハ遠シテテ人シラズ》とあり創建年代の古さがうかがえる。一五世紀〜一六世紀は、琉球の空間文化の形成期であり、近世には、王都の首里や那覇の景観づくりが盛んになり、「首里八景」「中山八景」の景勝地が創出される。

一七一四年に随行して江戸を訪れた程順則（ていじゅんそく）は、その帰りに京都、薩摩藩主の島津から歴史的な八景を描いた手鑑を贈られたと云われている。その時代の冊封使や漢文に造詣の深い人たちによって琉球の景勝地、八景づくりがなされていったのだろう。

明治初期の那覇全図を参照して、泉崎橋近くの久米の大門から波上宮に向かって龍脈のように伸びる軸線のような大通りを歩いてみる。右側に松尾山の松並木が夕焼けに染まり、風の音が通り過ぎている。左側には天妃宮や善興寺、親見世（おやみせ）などの中心市街地が広がり、西の海や三重城（みえぐすく）、屋良座森城（やらざもりぐすく）が那覇港を縫うように伸びて水辺を形成している。

その久米村の大通りを波上に向って歩いていると大正時代に入り込む。西洋建築の那覇バプテスト教会の幼稚園から流れてくる歌声を聴きながら那覇尋常高等小学校の前を過ぎると西武門（にしんじょう）の大鳥居の十字路に出る。

緩（ゆる）やかな上り坂の左手には辻の界隈と石灰岩の草木が繁る広い辻原墓地の丘が見える。正面の階段を上がって天尊廟、護国寺。その先端の断崖に波上宮が海に浮かぶように夕焼けに輝いている。葛飾北斎の鳥瞰の波上「筍崖夕照」の浮世絵が幻想と混在して夕照の風景を彩る。

西の海には慶良間列島が夕日のシルエットに浮かび、黄金色の波が輝いている。先ほど、道中に買った天妃前（てんぴぬめー）まんじゅうを懐から出し、頬張りながら、龍脈の頂、波上から市街地を眺めてみる。

中国や薩摩との長い時を経て表わされた風景が「球陽八景図」と「琉球八景」のコラージュに重なり、筍崖の夕照の中で、新年の参拝客の賑わいが聴こえてくる。

北明治橋

風光明媚な水辺の空間

那覇のウォーターフロントでもある国場川河口の明治橋辺りは、沖縄の玄関口として往来する象徴的なエリアだ。辺りには那覇港や三重城（みえぐすく）、御物（おもの）城跡、屋良座森城（やらざもりぐすく）、奥武山（おうのやま）などが現在も昔の名残を留めている。昔から海辺の小島や橋を眺める風光明媚な水辺の空間である。

薩摩藩から琉球藩、そして廃藩置県へと時代の流れを経て、長い中国との朝貢関係も幕を閉じ、日本の近代化の枠組みの中へ入り、数百年続いた地割制度も終わって明治から大正にかけて新しい時代が始まる。

政治経済の中心地として都市化していった那覇の街は、市街地の埋め立ての隆盛期を迎える。渡地（わたんじ）（東町辺り）と那覇港に浮かぶ中島の奥武山と対岸の垣花（かきのはな）に木の橋が架けられたのは、一九〇三（明治三六）年のことだった。北明治橋と南明治橋の二つの橋は御物城跡（琉球王朝時代の交易品の集積所）の近くでつながった。

水彩画は北明治橋の風景である。岸辺の道は渡地辺り。着物姿に裸足でバーキを頭上に載せて、荷物を運ぶ人々の往来で賑わっている。

少し範囲を広げて見ると、手前は漫湖の河口付近になり、渡地、旭町から壷川方面へと連なる。水辺の向こうの対岸には住吉、北側の垣花、小禄一帯。その間には奥武山、御物城の小島が浮かび、二つの橋は渡地と垣花へ伸びていた。木の橋の北明治橋（現在の明治橋より那覇港側にあった）は御物城跡の近くまで架かっている。

漫湖から国場川の河口にはマーラン船や小舟が浮かび、北明治橋の向こうには御物城や奥武山、垣花の小高い丘が横たわり、松並木が空をバックにシルエットを見せている。

葛飾北斎の「琉球八景」のひとつにも、海へ伸びる三重城を描いた「臨海潮聲（りんかいちょうせい）」がある。

その時代、渡地は小さな島になっていて遊廓があり、島へ渡る「思案橋」は、時代を偲ばせる。その文字に目が留まり、思わず「思案橋ブルース」を口ずさむとタイムスリップして、那覇港や明治橋辺りの水辺の夜景を眺めながら散歩している気分になる。

旭橋近くの月見橋から眺める水辺の夜景。右手には北明治橋、対岸には御物城や奥武山、その向こう側には小禄の丘の稜線が見え、松並木は月夜の空の地平に横たわっている。水面に映る月はゆれるさざ波に濡（ぬ）れている。

何処からともなくカランコロンと響く下駄の音は、月夜を楽しむ人々。三線の音色がガジュマルや芭蕉、石垣の間から虫の音と重なり、聴こえてくる。北明治橋を眺める界隈の石灰岩の白い道が水辺の月夜に浮かび上がる。

北明治橋 1903年頃 明治38頃
2011.

那覇市街

大陸的な赤瓦の街

戦前の那覇は赤瓦の屋根屋根がひしめき合う市街地だった。『南方文化の探究』の著者である河村只雄は一九三六（昭和十一）年に沖縄を訪れ「首里の高台から望んだ那覇の景色はカルフォルニアの沿岸にでも立ってあたりを眺めた時をしのばせるような大陸的なものであった」と述べている。

古いモノクロの写真を参照にしながら那覇市街を俯瞰した風景を描き終えてみると、市街地は赤瓦屋根が連なり異国情緒いっぱいだった。水彩画は市役所の塔から東町方面を眺望した風景である。どの本で目にしたか忘れてしまったが、一八〇〇年代にヨーロッパから来琉した外国人も「イタリアのある町に似ている」というような印象を表していた。

市役所は一九一七（大正六）年に琉球王国時代の天使館（冊封使一行の宿泊所）の跡地付近（現在の郵政管理事務所辺り）に完成。当時、平屋建ての多い時代に、五階建てほどの高さの塔だったことから東西南北の遠望が開けていた。当時の那覇市の人口は約五万人台、空前の砂糖景気により、暴騰の時勢から暴落の時勢を経て、海外移民急増の時代に重なる。

役所に面したメインストリートは久米村の東入り口へと通じる大門前（うふじょうめー）通り。ちなみに久米大通りの西口は西武門（にしんじょーめー）前辺りである。

赤瓦の甍や港の賑わいを夢想しながら役所の塔の方へと歩き始める。人気のないのを幸いに塔に上がってみると、陸地や海原の風

大正13頃
1924年頃 那覇市街 2011
C.O

景が広がり、パノラマの展望台となる。東の方角には首里の丘並みや松林。北には西武門、辻、波上（なみのうえ）、松山の松並木。南には南風原、玉城、糸満辺りの平野の遠景。

水彩画は漫湖の河口側を望んでおり、砂糖倉庫（樽入りの黒糖）や県営鉄道の那覇駅が見える。中央の那覇の大市場や右隣りの野菜市場が赤瓦の町並みに囲まれている。右端には奥武山、その向こうに小禄方面が見える。

遠景をボーッと眺めていたら、眼下を沖縄電気軌道の路面電車が通り過ぎ、汽車や電車、人力車の金属音が街中に響きわたる。市役所前から孔子廟へいたる大門前通りは那覇市の繁華街である。東町市場通りに出ると、着物に裸足姿で荷物を頭に載せた人々の往来と人力車に荷馬車でひしめき合っている。近くには反物市場や小間物雑貨の据筒（いしげー）市場や古着市場、魚市場。

野菜市場に足を運んでみると大きな傘が点在し、その下では地べたに無造作に野菜が積まれている。近くでは壺屋でつくられた壺が売られている。

市場で働いているのはほとんどが女性たち。海辺には豚の子市場や市の屠殺場があり、流石（さすが）にここは男たちで賑わっている。

桟橋の近くで大きな船が荷物の積み出しをしている光景を見ていると、突然、時報を告げるサイレンが役所の塔の上から街中に響き渡る。

首里の坂道

松に映える冊封使の列

大道(だいどう)、松川(まつがわ)から首里(しゅり)への坂道は、緑の景色を縫うように緩(ゆる)やかな曲線を描き、官松嶺(かんしょうれい)の丘の方へ延びて、その丘の向こう側には首里城がある。

その両側の斜面の森や畑には茅葺や赤瓦の民家が点在している。道端や丘の両側は松並木や芭蕉(ばしょう)、月桃(げっとう)、ガジュマルなどの豊かな緑が見られる。坂道には、荷物を頭に載せ那覇の市場を往来する人たちの姿が見える。明治末期頃のこの風景は、前後した数百年の時を想像させてくれる。

昔から首里と那覇を結ぶメインストリートであった首里の坂道は観音堂下から大道へ至る坂道。冊封使の行列も額に汗しながらこの坂道を上っていったのであろう。左下の方の石造の橋は真嘉比(まかび)川に架かる「茶湯崎橋(ちゃなざきばし)」で、一六七四年頃に木の橋から石造りへ造り変えられたと記されている。安里川の上流と合流するこの辺り、昔は那覇の河口からの舟の出入りもあり、物流の作業もここまで入り込んでいたと聞く。

琉球王国の政治家（三司官）蔡温(さいおん)はその著書『独物語(ひとりものがたり)』の中で「茶湯崎橋に湊を造れば、交通の便が良くなり……首里に住む人の生活も便利になる」と述べていて、農林業や河川改修工事に敏腕を揮ったことが頷ける。

この緩やかな曲線の坂道に沿うように一九一四（大正三）年頃から一九三三（昭和八）年ごろまで、路面電車が走っていた。古い写真の中に茅葺の民家のある観音堂辺りの丘の斜面を走る電車の写を見たことがある。以前、川平朝申（かびらちょうしん）氏の寄稿文の中で「丘の中腹を電車がきしりながら走っていた。籠と人力車の交通機関もあり、松川大道から首里山川まで人力車の後押しをする学生アルバイトがあり『坂下車後押し』と言った」と記されている。

下駄を懐に入れ坂道を歩いていると、風情のある松並木やガジュマルのあいだを涼風が通り抜け心地よい。松の葉の風音に、坂道を上がる電車のきしむ音、人力車の車輪の音に黙々と荒い息づかいの車夫の往来。人力車の後押しをする学生たちの光景。婦人たちは頭上にバーキを載せて裸足で行き来している。着物姿の結髪の集団は「頑固党」の様子、廃藩後や日清戦争後も同じスタイルで闊歩している。寄留商人も急激に増えた頃である。

首里坂は時代のうねりを象徴するかのように曲線を描いている。騒音を他所に、両側に広がる松川辺りの景色は、畑や松並木に囲まれた静かな佇まい。

西の海を遠望すると赤瓦の甍が連なり、那覇の市街地の賑わいが聴こえてくるようである。水平線の夕焼けが首里坂やその往来する人々を黄金色に染め、遠景の赤瓦をさらに紅く染めている。

首里坂、明治末期頃？
松川から観音堂を望む。1912年頃
Roselle.K 2011.10

崇元寺辺り

優雅な風景と電車

崇元寺および国王廟の創建は一四七五年とされ（『琉球歴史・文化史総合年表』又吉真三著）、琉球王府時代の国廟として、冊封使来琉の際は首里城に先だち、先王の諭祭が行われたと記されている。

去る大戦で破壊された後、寺院は再建されることなく、復元された優雅なフォルムの三連アーチ石門のみが昔の面影を今に残している。その石門の右端に当時を忍ばせる下馬碑（東西両端）があり、その石碑の年号は一五二七年頃と推定されている。

「あんしもけすもくまにてむまからおれるへし」（按司も下司もここで馬から下りるべし）と布令が書かれ、日本語と方言がミックスされた石碑の文になっていて真面目なユーモアを感じてしまう。

沖縄電気軌道の路面電車が走っていたのは、一九一四（大正三）から一九三三（昭和八）年まで。始発は通堂から渡地前、見世の前、郵便局前、市場、松田矼、大門前、久米、西武門、裁判所前、若狭町、潟原、兼久、泊高橋、泊前道、崇元寺、女学校前、坂下、観音堂、首里の終点まで。

八十代後半の方に水彩の絵はがきを見せながら、崇元寺石門の前を走る電車の話をしたところ、即座に「私はこの電車に毎日というほど乗って、崇元寺で下車していた」と事も無げに言われた。戦前の女学校に路面電車で通っていたのであろう。その当時の石門の前を走る電車や人力車を想像すると、路面電車のある風景が目に浮かんでくる。

2011
Roselle-K
1925年頃
崇元寺の前を走る電車. 大正14頃

泊方面からの緩やかなカーブを曲がり、崇元寺の石橋を背景にしながら電車がやってくる。電車はガジュマルと石門の前で停車し、その後安里を経由して首里の方向へ向かう。石門の下馬碑のガジュマルの木陰には乗客を待つ車夫の姿と子供たち。

どっしりと構えた優雅な石門が風景の拠り所になって親しまれながら、下馬碑の厳(おごそ)かな空気感を漂わせている。近くには長虹堤(ちょうこうてい)があり十貫瀬(じっかんじ)を経由して松山方面へ延びている。崇元寺辺りは道幅も広く、安里川には崇元寺橋や長虹堤があり交通の要でもあり、電車は乗降客が多く混んでいる。

それではちょっと西武門辺りまで路面電車に乗ってみる。崇元寺の石門前を泊方面に向かうと、右手の崇元寺町と前島の間を流れる川幅の広い安里川には小舟が浮かんでいる。その景色を車窓の左手に見ながら、泊高橋付近に差し掛かると左に直角にカーブする。

右手には泊港や塩田が広がる潟原の間の海岸沿いを走る。左手の方は小高い丘が連なり、松尾山の松並木が自然公園のように美しい。海風と松並木の涼風が入り混じった香りに深呼吸していると、若狭町を通り過ぎる。

しばらく平たんな直線コースを軽快な機械音を立てて走る。西武門の十字路の交差点を左折して、久米の大通りから久米大門へ向かうと那覇の市街地の空気を肌で感じる。ひと際高い那覇市役所の塔が目に入る。人力車や頭に荷物を載せた人たちで賑わい、ちょうど、塔の上から時報を告げるサイレンの音が聴こえてきた。

那覇の大門前（うふじょーめー）通り

活気あふれる繁華街

琉球王国時代、東町辺りは、昔の国庫「親見世（おやみせ）」（昔の貿易管理事務所）、や「天使館」（冊封使の宿泊施設）、「那覇里主（さとぬし）所」（那覇四町の行政、薩摩在番奉行所との連絡）、「下天妃宮」（航海安全の神）があった場所である。海の玄関として賑わう那覇港を控えて、廃藩置県以降も跡地には公的機関や大規模な施設が建てられ、官庁街で繁華街でもあった。

その中でも現在の泉崎橋や孔子廟付近から那覇商工会議所前を通り辺りを「大門前通り」と呼んでいた。

水彩画は大正末期頃の大門前通り辺り（東町）の交差点から、真正面に那覇市役所の高い塔や、左側の大正ロマン風の山形屋百貨店、商店が建ち並んでいる風景である。

役所の前を通り過ぎて行くと那覇港や通堂へ。左は市場辺りから渡地、昔の北明治橋（今の明治橋より二百メートル程西側へ）。右は天妃や久米辺りへ。

沖縄電気軌道の路面電車が通堂から首里まで走り、電車やバス、人力車、荷馬車、自転車の交通機関で賑わいをみせた。近くには、芝居小屋、映画館、郵便局、那覇の大市場、野菜市場、多くの商店や倉庫、軽便鉄道那覇駅などがあり、現在のパレットくもじ辺りの街区や国際通り、市場をミックスしたような機能を果たしていたのであろう。

孔子廟の前で人力車を降り、立派な石造の泉崎橋と川面を眺めながら久米大門前まで歩いてみる。久米の大門辺りから西側の大門前通りを歩いて行くと那覇市役所の塔が正面に現れ、郵便局や山形屋百貨店や大きな商店が建ち並んでいる。さらに東大道を渡地の方へとぶらぶら歩いてみる。市場や古着市場、近くには革細工の店が並んでいて、牛皮の匂いがほのかに漂い、太鼓や皮草履の職人たちが黙々と作業をしている。

大活動写真と書かれた帝國館の近くに差し掛かると辻で評判の美女マカテが出てきた。映画マニアだと聞いていたが活動弁士のファンらしい。一方、大正劇場の読者招待演劇大会は大盛況で、唄や踊りで盛り上がり、その中でも出演した女優ウト小は別格であった。

カランコロンと歩いていると喉が渇いてくる。イラブーまちやの前で茶の香りがしたので、見つめていたら「ウサガミソーレー」ときたので、サンピン茶とチンスコーをご馳走になった。

渡地まで来ると、漫湖の河口や北明治橋の水辺の道を通堂の方向へ向う。大きな黒糖倉庫や寄留商人の米穀倉庫、輸出輸入関連の会社が建ち並び、港町の活気に溢れていた。

那覇の市街は、路面電車や人力車もあるが、ほとんどの人たちが歩き回っている。帰りは歩きにしよう。

那覇大門通りからの親見世　大正14頃 1925年頃.

チージ（辻）界隈

歴史ある遊郭の芸能文化

チージ（辻）の歴史は琉球王国時代に遡る。去る大戦で壊滅するまで二七〇年余の間、時代の移り変わりをリアルな身体性で潜りぬけて来たのである。平敷屋朝敏（一七〇〇年代）の作「苔の下」にも登場する遊廓である。

明治四二年頃には仲島や渡地の遊郭が辻に併合される。『琉球花街 辻情話史集』（来和雀・渡嘉敷錦水著）では辻の様子が詳しく述べられていて、辻界隈の地図も残されている。これらの書を見ても琉球の歴史・文化とチージの芸能文化が、その空間によって育まれてきたことがわかる。

チージで知られるジュリ（尾類）馬行列の古いモノクロ写真には、各妓楼の窓や屋根に沢山の見物客が見える。

かつて、特に貧しかった時代、男の子は糸満売い、女の子はチージへと親元から離された。チージは女性たちによる社会である。各妓楼は抱母（アンマー）によって運営され、ジュリの子は歳月をかけて育てられ、諸々の芸事や料理、もてなしの教えを身につけた。チージの空間から、琉歌、口説、舞踊、三線、民謡、料理、古謡おもろまで広められ存続したこともリアルな歴史の一面である。

チージの空間に目を向け、その位置関係を俯瞰して見る。那覇の街は南西側に那覇港を抱え、久米の大門から北の大門（西武門）を経て波上宮に延びる龍脈のような道の軸線が貫き、広がる。

チージは西武門交差点（北門）から波上方向と上之蔵方向との間に位置し、やや碁盤状の長方形である。上之蔵通りに平行に三つの

2005.12
辻界隈 明治43頃
1910年頃～

通りがあり、その三本の道を串刺しにするような大きな道で構成される。北西の方は辻原墓地の丘から海辺に出る。

一九三三年（大正八年）の大火後も二〇〇軒近い木造赤瓦屋根の妓楼が軒を並べ、石塀越しに見える二階の欄干も開放的である。交易の時代を経て、王府や中国、薩摩の公的機関に市場や芝居小屋、劇場等が集積していた。チージは街にも近く、辻原墓地の海辺の丘や西の海と連なり、日常と非日常が重なる場所だったといえる。

東町のヌヌマチ（布市場）に住んでいた方の話では、ヌヌマチの婦人たちにとってチージも得意客であり、反物や着物を売り、日頃から交流もあった。チージの妓楼で御馳走を食べ、モアイを続けていたという。その方から聞いた辻の「マカテー逸話」で、風景がさらにリアルに立ちのぼってくる。

人力車に乗った美女、鳩小マカテ。その追っかけをしている大人や子供たちの話。鳩小マカテは戦前に製作された映画『護佐丸誠忠録』にも登場していることを知った。

日暮れ時の市場やチージ界隈、車夫たちが車輪の音を軋ませながら往来している。芝居小屋を通り過ぎた辺りで、ゆったり走る一台の人力車の後を追っかける子供や大人たちの光景に出会った。「追っかけだ！」と呟き振り返ると、噂に聞くあの人だった。

暫くすると三線や琴の音がガジュマルや石垣の路地から流れてきた。後道の二階からは、寂しく艶やかに聴こえてくる「恋の花節」に思わず立ち止まる人たち。帰り道の「西武門節」の鼻歌は、電車の音に吸い込まれてしまった。

首里城

城下町首里の町並み

龍譚池から首里城を望んだ琉球新報第一五周年（明治四一年）の記念スタンプが押された写真を見る。左側には沖縄県師範学校があり、右の奥の方には首里城が見える。その昔、琉球王国は小国でありながら独立国であった。

日本や中国、朝鮮、東南アジア諸国との中継貿易で栄えた時代を夢想してみる。その小さな王国の貴重な資料であり、今なお、専門家の方々による研究がなされている「おもろさうし」の歌謡を程よくかいつまんでみると、琉球王国の王権思想や自然観が空間に立ち上ってくる。

いたる箇所に「太陽（ティーダ）」が表されるが、太陽の全てではなく、日の出（上り太陽）を賛美することに限られたようである。西日から夕焼けになり、沈んだ太陽は地中の「太陽が穴」を通り、再びエネルギーを蓄え、東方より上る。夕陽に哀愁や美を感じるリゾートの時代が来ることなど想像もしなかったのであろう。琉球王国の太陽神と不離一体となった生命観が強い後ろ楯となって永年間の交易時代を築き上げていったのだと想像する。

首里城は首里の丘陵地帯に築かれ、東西約四〇〇メートル、南北約二七〇メートルで、面積約五万平方メートルで県下最大規模の城である。綾門大路を通り守礼門から奉神門の中へ入ると正面に正殿、左右に北殿、南殿が朱の色彩を際立たせている。

首里の城下町は尚真王の時代に都市として大きく改造されたという。首里城を中心に、東西南北を囲むように道路で区切られ楕円形や円形状の区域に中道が縦横に走る古い地図を目にしたことがある。吉川博也氏が述べられたように「多核的」な町の形態に通ずるのだと思わされる。

『中山伝信録』や『琉球國志略』に記された古都、首里の町並みを思い浮かべると夢うつつの風景が立ち上ってくる。

役人や貴族の家並みは石垣で囲われリュウゼツランや茉莉花、ガジュマル、松並木が見える。屋根は中国のまる瓦に似ていて、寄棟造りが連なり美しい景観を醸し出している。チャーギ（イヌマキ）の柱に板壁や茅壁、竹の壁にクバの葉を挟んだ壁のバリエーションが風情のあるリズム感で統一されている。どの屋敷にも蘇鉄や石塀の上にはセイロンベンケイソウが植えられ、屋上や門前の瓦獅子が強い日差しにまどろんでいる。

歩いていると石敢当に突き当たる。十里香（ゲッキツ）の香りの方へ歩いていると、王宮から役人の方々が連れ立って石灰岩の砂地を擦るような足音を立てて近づいて来たので、金城町の石畳の路地に向かう。

東方の暁や朝日の輝く聖性を認め、太陽賛歌にうつつしながら南西に開けた那覇の町を眺め深呼吸をすると、美しい夕陽が西の海原を染め上げている。出来るだけ見ないように石畳の道を歩いて行った。

港町・与那原

海上と陸上交通の結節点

『おもろそうし』の中の一節に「よなはるのくに　いけいけし」と謡われている。「いけいけし」とはにぎにぎしい、活気に満ちたの意であろう。与那原は昔から、海上交通と陸上交通の結節点であり、物資の集積拠点として中北部や那覇とを結ぶ港町として賑わった。

　与那原にある「御殿山（うどぅんやま）」や「親川（おやかわ）」は首里王府との深い関わりをもつ。琉球王国、祭祀巡礼のコースとして知られる「東御廻り（あがりうまーい）」は、首里城を出発し「園比屋武御嶽（そのひゃんうたき）」から与那原の「御殿山」「親川」へと巡礼の旅が始まる。聞得大君（きこえおおきみ）の就任儀礼である「御新下り（おあらおり）」の際も斎場御嶽（せいふぁーうたき）へ赴く途中の巡礼の地でもあった。

　「御殿山」に仮小屋を設置し、「親川」の水で「お水なで」の儀式が行われた。尚巴志によって始められた聖地巡礼の行事は二五〇年にわたって王府や人々の神拝みの行事となった。今でもその様子を伺うことが出来る。

　一九一四(大正三)年になると那覇と与那原間に軽便鉄道が開通し、軌道馬車や荷馬車で賑わった。その名残りの一つの「与那原馬車スンチャー」(馬車引き)はよく知られている。

　水彩画は昔の与那原駅舎の丘辺りから、集落や海を眺望した俯瞰画である。右下辺りには与那原駅があり、近くの郵便局から海辺へ向う大通りが見える。そこには与那原そばで有名な大城そば屋などがあった。駅の近くには芝居小屋(後の与那原劇場)や月見亭、旭亭と建ち並び活気に満ちた港町の様子が目に浮かぶ。

遠景の赤瓦や茅葺屋根の連なり、海には山原船や伝馬船が浮かび、風光明媚な港町である。北部からは木材や薪などが運ばれ、那覇からは生活物資などが運ばれ「いけいけしさ」が想起される。物資は伝馬船で浅瀬に陸揚げし、荷馬車で首里、那覇やその他の地域に運ばれる。

潮風に木材の生木の香りが混ざり、何とも云えない空気感が漂い、町なかをブラブラ歩き始めた。材木屋の側では薪割りの職人たちが忙しそうにリズミカルな木の弾ける音を出している。しばらく木の香りに包まれた後、何処からか金属音が聴こえ、近づいてみると五、六人の職人が蹄鉄（ウマノチミクマサー）の作業中で、ここでもリズミカルな金属音をたて荷馬車の町を思わせる。パナマ帽も黒糖に次ぐ商品であり、町の中には材料のアダンの葉の香りも漂っている。

丘の上からは赤瓦の産地を思わせる「クチャ」の香りが流れてきた。市場の方へ歩いていると、豆腐の香りがしてきたので覗いてみると、豆腐市が開かれている。圧倒的な豆腐の香りに包まれたのは初めてだ。しばらく佇んでいたら、物欲しげに見えたのか「食べてみて」と差し出してくれた。箱豆腐ではない、「ウシジャー豆腐ではないか」と呟きながらご馳走になり、美味にうっとりする。

日暮れ近くになったので、芝居小屋の方へ向かう。沖縄芝居の名優でもあり、歌劇「奥山の牡丹」を創作した、伊良波尹吉の故郷である。小屋の中から歌曲になった「ツラネ」が流れてきたので、再び、豆腐の余韻を味わいながら佇んでいた。観客は静まり返り、「散山節」の名場面にウットリしている様子が伝わってきた。

与那原大綱曳の頃に訪れようと思い、馬車の音を聴きながら軽便鉄道に乗った。

南部のグスク

史的な琉球浪漫

琉球王国時代の聖地巡拝のコースとして知られる「東御廻り（あがりうまーい）」は、首里城を基点に国王が聞得大君（きこえおおきみ）をともなって、与那原・大里・佐敷・知念・玉城の拝所を巡拝する行事であった。首里城の園比屋武御嶽（そのひゃんうたき）から、与那原にある「御殿山（うどぅんやま）」の拝所まで一里以上もあろうか。

その昔、与那原の海（中城湾）には山原船（やんばるせん）や伝馬船（てんません）が浮かび、東方の海から昇る朝陽は絶景であった。御一行も朝陽を眺めながら一休みをされたのであろう。今は、与那原の海もウォーターフロントのマリンタウンとして、海辺にはマリーナや商業施設、居住区に、きらきらビーチ、近くにはカフェやレストラン等で賑わいをみせている。与那原、西原の港町ルネッサンスの兆しを感じさせる。

太平洋の海原を左手に眺め、右手には森を見上げ、海岸線を蛇行しながら知念の方へ歩くと、岬の先端辺りの斎場御嶽（せいふぁーうたき）に辿り着く。海はキラキラ輝いて帯のような雲が空と海を分け、リーフの白波が水平線と平行に走っている。豊饒なる海はイノー（内海）と外海の絶妙なバランスを創り出している。隆起石灰岩の平野と断崖の自然造形に豊富な水脈の湧き水が多くの集落を支える。

東方に浮かぶ久高島を眺めると、琉球開闢（かいびゃく）の神話や穀物の起源神話が悠久の時を超えて眼前に現れ、国家の儀礼の場として斎場御嶽が重なり合う。

佐敷、知念、玉城、大里（南城市）には沖縄や奄美のグスク関連の総数の約一割が集中していると云われる。石灰岩の丘陵地の森に抱かれた御嶽や拝所、井戸や樋川（ヒージャー）が数多くあり、王国の国家儀礼と深く結びついた集落の数々のグスクが想起される。貝塚時代とグスク時代をミックスしながら歩き回ってみると史的な空間が織り重なってくる。

三山を統一し琉球王国を興した尚巴志（しょうはし）の居城の佐敷上グスク。知念グスク、ヤハラヅカサ、受水（ウキンジュ）・走水（ハインジュ）、浜川御嶽、垣花グスク、御穂田（みーふだ）、ミントングスク、玉城グスク、糸数グスク、島添大里グスク、大城グスクなどが次々と森の中から姿を現してくる。

平野が遠望できる玉城の小高い丘に辿り着くと、ススキの穂波がゆれて初冬の風が糸数城跡の野面積みの緩やかな曲面の城壁を一緒に撫でていった。

水彩画は切石積みの門の内側から城壁の曲面を描いた。石積みの力強さと優雅さのコントラストが際だつ。西北西の方向に那覇の市街地を遠望し、北北西の方向は首里城辺り。城跡の南側の断崖から太平洋を眺めていると、白波のリーフの切れ目の自然の水路にのって小舟（サバニ）が遠のいて行く。

『おもろさうし』に詠われた「あきみよの泊」や「うらはるの泊」とはリーフの切れ目の水路をいう。小舟はおもろの時へと吸い込まれていった。

2012.11

糸満

旧正月のにぎわい

白銀堂（はくぎんどう）近くの大通りから狭い上り坂の路地を登りつめると小高い丘に出る。その「サンティンモウ」と呼ばれる丘から三六〇度の視界が広がる。

糸満の町並みが海辺に密集し、赤瓦の屋根と茅葺き屋根の連なりが煌（きらめ）く海原との間に密集している。慶良間（けらま）の島に混じり山原（やんばる）船や小舟がゆったりと浮かんでいる。背中の方を振り返ると報得（むくえ）川が流れている。

狭い路地の潮風の匂いに誘われて下り坂を歩いて、小さな市場に出ると旧正月の日だった。漁港の周りには色とりどりの原色の大漁旗がひしめき揺れていて、その合間に漁船が肩を寄せ合って休んでいる。その近くで、漁師たちが日焼けした逞しい顔で談笑しながら飲食している。

港町は新たな年の大漁を願い、安全と健康祈願を祝いながら宴もたけなわであった。つい、美味しそうに盛られた大皿に目をやると「座って食べなさい」と風貌に似合わない抑揚のある柔らかな糸満訛りの方言で声をかけられ、腰を下ろす。流石（さすが）、イユマチ（魚町）といわれる糸満。大皿に盛られた妙な肉片に目を奪われていると「これ、海鼠（なまこ）の卵と肝臓、食べてみて」と勧められた。その味覚に珍味踊舌し、嬉しくなって漠然と山原船の浮かぶ水平線を眺めていたら、風景は一変してカツオ漁の船上になった。

多くの鳥の群れの方へ船は突っ込んで行った。しばらくすると、立ち位置を決めた漁師たちは、揺れ動く船上で、カツオの一本釣り

2013.5. Roselle K.

を開始。全く、無駄のない動きで、釣り上げたカツオを空中に光らせ背の方へ投げすてる。釣った魚を振り向くこともなく、釣り針を指で外すこともない。その美しい動作の漁師たちに見とれたまま長い時間が過ぎ、船酔いと腹ペコの繰り返しで毎日が過ぎていった。

昔、網元の娘と結婚した人の話を思いだしていたら、海に投げ込まれながら泳ぎを覚えた少年たちの長い夢を見た。身体の揺れが止まり、周囲の騒音で目が覚めると船は港へ着いた。

大漁のカツオに沸きかえった出迎えの人たちと得意気の中に安堵感を滲ませた漁師たちに混じってこっそり船を下りた。船酔いと空腹でふらついた足取りで市場に向かった。カマボコの匂いのする方へ歩き、程よい温もりのカマボコを買い、食べながら糸満駅を目指す。

那覇と嘉手納間、那覇と与那原間に次いで　軽便鉄道が那覇と糸満間を開通したのは一九二三（大正一二）年のこと。那覇までの約一八キロの汽車の旅である。海風の香りに湿気を帯びた汽笛を頻繁に鳴らしながらサトウキビ畑の田園風景を走る。

魚の匂いを車内に漂わせたまま、那覇の街並みが見えてきた。夕刻の那覇の街は騒音と雑踏が入り混じり息を吸い込んだ。

宮古島

平坦な島の垂直軸の思想

那覇から南西へ約三〇〇キロ、一昼夜かけた海の旅をするとエメラルドグリーンの水平線の海原に馴染むかのように平坦な地平線が浮かぶ宮古島が現れる。

一九三一（昭和六）年、無季俳句の先駆者である篠原鳳作（しのはらほうさく）は新設の宮古中学の新任教師として赴任する。その時代、宮古島の玄関口の漲水港（はりみず）（平良港）は二〇〇〇トン級の船が沖合に停泊し、ポンポン船や帆船で人や貨物をはこぶ賑やかな港町の光景が見られた。

漲水の言葉から連想する「漲水のクイチャー」や「漲水御獄（うたき）」に想いを馳せていると、港内の陸地には布で被われ山積みされた物資が目に入った。桟橋の周辺は出迎えや見送りの人々の声が船の汽笛に入り混じり、何処からともなく婦人たちの歌声に変わっていった。古謡「根間の主（ニーマヌシュー）」が聴こえてきた。

根間地区を治めていた琉球の役人「根間の主」への想いや船旅の海上祈願を歌ったカナガマの声が哀調を帯びて、港の広い空に浮かんでいる。数百年も歌い継がれてきた古謡を耳元に感じ、宮古島研究の先駆者であるネフスキーに想いを馳せながら、緩やかな上り坂を市場から平良の西里大通りの方へと歩いていく。

赤瓦の屋根の連なりとガジュマルや福木の濃い緑の木々に囲まれた屋敷の風景は那覇の町と変わらない。平坦な島の空の広さに圧倒されながら歩いていると、喉が渇いてきた。メインストリートの西里大通りに入ると、道の両側にはいろんな業種の商店が軒を連ね、人の往来に混じり、人力車や荷馬車、自転車で賑わっている。

平屋の商店に混じって二階建ての大きな赤瓦屋根の商店もある。雑貨店、呉服店、履物店、飲食店、料理屋、小間物店、旅館、書籍店など様々。上布（じょうふ）洗濯屋さんがあり、宮古島を感じさせた。映画館もあり、那覇の帝國館を思わせた。どこか様子が変だと感じながら歩いていると、裸足の通行人が多いことに気が付く。靴をぬいで裸足で歩いてみる。飲食店の店先で佇んでいると、サンピン茶を差し出してくれた。再び、歩き始め、少し小高い丘の上に腰を下す。

琉球石灰岩の上の表土の平坦な地形が水平に広がり遠望できる。宮古島は水のない島だと言われている。石灰岩の下には不透水性の泥岩層のクチャ層があり、その間に水脈がある。点在する自然のウリガー（洞井）は生活用水の源であり、古い集落もその周辺に形成されていったという。地の底へ潜り込んでいくように水源地へ辿りつき、水汲みをし、水を担いで数十メートルの暗い洞窟を上り下りする。

水汲みは婦女子の日課である。女性たちが談笑しながら天秤棒を担いで歩いて行くのが遠くに見えたので、後について歩き始める。洞井の入り口を下って行くと暗くなった底に水面が現れる。水を担いで、再び石段を上ると頭上に洞井から光りが差し込んでくると、頗る（すこぶ）安堵感を覚える。

各家庭では水汲みと併用して、庭のガジュマルやイスの木から流れ出る水を、水がめに貯水して足しにしている。

水汲みもせず、息を切らしながら再び歩き始める。

イギリス海軍の調査船HMSサマラン号の艦長が見た宮古島のことや廃藩置県後、二〇年以上も人頭税が課せられ続けられた島の石灰岩の大地を踏みしめながら、北の方へと向う。

小さな島に残る多くの石造文化は、島そのものを掘り起こしながら積み上げてきた歴史でもあり、地の底にある水脈を地表に汲み上

漲水港
2013.11

げてきた歴史は石造文化と同様に狭い範囲を生き続け、垂直軸の思想を感じさせる。

更に、水平線の海原に拡散する海洋性の世界観が、強い共同体を確保し脈々と受け継がれていく。円の中心に向かい回転するクイチャーの踊りも集中する意志と上昇する願いを感じさせてくれる。

サバニで池間島に渡り、味噌甕にたっぷりつけ込んだ焼き魚をご馳走になりながら海を眺めていると、

しんしんと肺碧きまで海の旅 (篠原鳳作)

となった。

貘少年の見た景色

変貌した景色や人びと

二〇一三年に没後五〇年目を迎えた詩人の山之口貘（やまのぐちばく）（一九六三年没）の出身地は、那覇の中心地の大門（うふじょーめー）前通り辺りであった。多感な少年時代を市街地の繁華街で過ごした山之口貘の目に映った景色を歩いてみる。

大正六年に完成した那覇市役所の五階建ての塔からの眺望は、市街地の俯瞰、港、海原、首里や南部一帯まで見晴らすことが出来た。密集した赤瓦の屋根とガジュマルやリュウゼツランの緑のコントラストに洋風の大きな建物、百貨店、映画館、芝居劇場、市場、港、辻界隈など都市的な生活の全てが身体感覚に染み込んでいた。御物（おもの）城跡の風月楼を挟んで北明治橋や南明治橋が水面に揺れる。人力車の車夫たちが夕暮れ時の町を車輪の音を響かせ行き交う。

貘少年が浴衣姿にカランコロンと下駄を鳴らしながら大門前から古着市場前を歩いている。青山書店の店頭で立ち読みをし始めたので、少し同じ景色を散歩してみる。市場通り近くのガジュマルの並木に囲まれた那覇市場まで来ると肉や魚の匂いが漂ってくる。貨物線路の隣のお茶屋で買い物を済ませ旭橋辺りに向う。左手の泉崎橋は、葛飾北斎によって描かれた「琉球八景」のひとつ「泉崎夜月」。左に曲がり漫湖に架かる月見橋の袂（たもと）で腰を下ろすと、山原（やんばる）船が浮かんでいる。対岸の奥武山（おうのやま）公園の向こう側の小高い丘の稜線には松並木のシルエット。夕空には金星と真下には三日月。一休みしたあと、旭館から芝居小屋付近に差し掛かるとチージ（辻）の向こうから三線の恋の花節に混じって聴こえるヴァイオリンの音色は、「ゴンドラの唄」。ヴァイオリン弾きのカメさんを思い浮かべて佇む。

那覇の景色を吸い込んで、恋の煩いと夢と希望をもって東京に行った。東京の景色も那覇の都会育ちの貘には何の違和感もなかった。公園や駅のベンチ、土管、友人の下宿先を転々とした。公園も駅も土管も既知の範囲だった。

好きな貘の詩の中に「夜」がある。「僕は間借りをしたのである僕の所へ遊びに来たまへと皆に言ふたのである……」。

高田渡・監修「貘詩人・山之口貘をうたう」に収録された嘉手苅林次が歌う「告別式Ⅱ」も好きな歌のひとつだ。貘の詩は時代を超えて人間味と地球感覚を感じる。林次の声が詩との距離感をもって立ちあがり、哀調を帯びて聴こえてくる。

琉球風画帖

～戦後編～

国際通り

古くて新しい一本の道

国際通りの古い写真をポケットに入れ、観光客で賑わう通りを歩いていると観光土産品店の多さに圧倒される。

眩しいほど明るい照明に照らされた数々の商品が店内を埋め尽くし、通りへ開かれ溢れ出ている。「国際通り」と呟きながらパレットくもじから安里の三叉路までの奇跡の一マイルをブラブラ歩いていると、歓迎と誘客の掛け声のシャワーを浴びる。一マイルを歩き終え、細長い夜空の満月を見ていると、観光土産品店と飲食店の威勢のよい協奏曲の余韻が満月に重なってくる。

再び、昼下がりの国際通りを歩く。沿道の両側に建ち並ぶ建物の頭を見ながら進んで行くと半世紀前の姿が今も残っている。戦前の昭和八年頃、泉崎にあった旧那覇警察署前から軽便鉄道の安里駅近くまで、原野の中を一本の新県道（後の国際通りと重なる）が走った。その当時、泉崎から安里駅近くにあった一高女と女子師範に通っていた方は「真直ぐな新県道を歩いて通学、学校前のソウシジュ並木が美しかった」と言った。

その昔、那覇の市街地は東町、久米、西本町、天妃、上之蔵辺りで、那覇港に隣接して賑わっていた。去る大戦で市街地は廃墟と化した。敗戦直後、米軍の統治下となり、那覇の市街地は軍事拠点エリアとなる。その後、開放されるエリアごとに住み着いて生活を営み、拡散された点としてのエリアに、商いの場所や集落が自然発生的に形成されていったのである。復興の起点のひとつでもあった劇場（露天の芝居小屋）や映画館。線で繋がる闇市は逞(たくま)しく増殖し、開南(かいなん)、壺屋、

2014.1

神里原（かんざとばる）を基点にしながら、新県道沿いには店や映画館が建ち並び、復興期のシンボルとなる。軍政下の規制を受けながら、その合間をぬって増殖していった那覇の街。

一九五三年頃、新県道の改修工事と連動するかのように、いろいろな業種の店が産声をあげていく。戦後の一九五〇年代前後、開南から松尾に抜ける丘陵地の斜面を活用した中央劇場を起点として神里原から国際通り一帯には一〇館以上の劇場や映画館が姿を現した。

観光客で賑わう、むつみ橋交差点近くにある老舗の奥の細い階段を下りるとやっと立てるほどの地下室がある。或る日、ガーブ川の水が古いコンクリートの壁面から浸み込んでくるのを見ていたら、風景は逆流し始めた。時は五〇年代の初め頃、小学校低学年の〇少年たちが茅葺や瓦屋根が疎（まば）らに点在する新県道を歩いていたので、後に付いて行く。

廃線となった軽便鉄道の安里駅近くの土手の斜面を利用して造られた露天の劇場の前を通り過ぎると、市場（平和通り）への曲がり角近くにあるアーニーパイル国際劇場（隣接して平和館）の前は観劇の人だかり。右手の方には大宝館。ガーブ川沿いを右に曲がると沖映館が大きな曲面を角に現してそびえ建っている。ガーブ川を越えると新県道は緩（ゆる）やかな上り坂に差し掛かり、道の右手は下り斜面になっていて墓地群が点在。左手は上り斜面で、やはり墓地が点在する景色。道の頂点辺りまでたどり着くと左手に世界館がシンメトリカルなファサード（建物の正面）の曲面を現している。

沿道には地元の客を相手にした日常品の商店が点在し、高級舶来品を取り扱う関税優遇下の高級な専門店も出来つつある。庶民の商いはその現実を鋭く嗅ぎ分け、アメリカ統治下の特異性を身体化していくように、復興建設ラッシュである。

少年たちは、左に曲がると、松尾の斜面にある中央劇場の前をお喋りしながら、粗末な低い軒先が連なる闇市の人だかりを縫う様に開南の入り口近くにある時計店の前まで来ると覗き込むように並んだ。いろいろなデザインの大きな柱時計に時を忘れて見とれている内に、O少年ははぐれてしまった。柱時計を見ている内に目が回ったのか、方向感覚を失い迷子になり、波上辺りまで来てしまった。遠望出来る高台に上っても見当が付かない。つい黙ってられなくなって「何処まで帰るの」と聞くと、「国際劇場まで行けば分かる」という。やっと劇場の前に着き「今度、お礼に芝居でも映画でも奢ってね」と言うと、「ヌギバイもいいよ。自分で観て」と少年。

芝居や映画、庶民の夢をのせて「国際通り」は龍のようにうねり始める。

インターナショナルの龍がうねり出す

奇跡の一マイルと呼ばれる国際通り。一九五〇年代の初め頃にお目見えした劇場・映画館、「アーニーパイル国際劇場」や「平和館」が国際通り、平和通りの名称の由来ともなった。一本の龍の様な軸線「国際通り」を鷲づかみにして芝居から映画館の隆盛期に入っていく。

復帰前のアメリカ統治下における庶民の商いは、鋭い眼差しでその時代や立ち位置を嗅ぎとり、低い関税やノータックス時代を創り上げた。映画の隆盛期と連動するように高級舶来品を取り扱う時計、宝飾店が目に付く。商社並みのL／C、D／P、D／Aの言葉が飛び交う光景が見られる。ビンゴ、パチンコ、ビリヤード、ダンスクラブ……の娯楽街と高級舶来品を取り扱う観光街、地元客の買い物街がミックスしてインターナショナルな街区として賑わい、繁華街が形成されていく。

国際劇場の前の人だかりに混じって、ちょっと館内に入ってみる。露天の観客席は満席だ。屋根の付いた舞台では芝居の最中。煙が出るシーンの途中で、突然観客席から「火事だ〜」の一声があがった。観客は総立ちになり、出入り口の方へと一目散になだれ込みパニック状態となった。大人たちに挟まれ宙吊り状態のまま外へ放り出されたO少年がトボトボ帰って行くのが見えた。

国際通りの真ん中辺りにある「かどや」でソバを食べ終えると、いろいろな種類の音が入り混じった通りを後にした。映画館は通りの集客ポイントのコアとなり、芝居や映画鑑賞とソバを食べることがワンパッケージになりつつあった。

パスポートを懐に入れ、高級舶来品を買い求める観光客も地元の人たちと混在して通りを歩いている。観光客は装いの違いや顔立ちや表情で一目瞭然に区別はつく。何といっても、所作の違いはユニーク。気だるく緩やかな時間を背負ってバス停に佇んでいるように見える島の人。歩き方、否、歩行スタイルとでも言おうか。外人もそうであるが、比較してみると一目で分かる面白さである。

タバコを抓むように銜え、ポケットに手を突っ込みながら足を投げ出すように歩いてくる島の青年の視線を避けるように、むつみ橋交差点近くの高級舶来品店のショーウインドに目をやった。観光客で賑わう店頭では、店の幼い娘が小さな手一杯の名刺を配っている。こちらに渡す様子はない。店内がひと際輝いている方に、直ぐ気づき目をやると、あの大物女優が高級舶来品を物色中。我を忘れて見とれていると幼い娘に睨まれ店を出る。

芝居や映画、本屋などの娯楽文化集積の通りとして。日常と非日常の買い物通りとして。高級舶来品店が並ぶ観光客の通りとして。国際通りは一本の通りにいろいろな貌を乗せて躍動していく。

古い建物群と新しい意匠

国際通りは一九七二年の本土復帰を挟んで再びその姿を変容させていく。ドル箱でもあった高級舶来品は復帰特別措置によって保護されてはいくものの復帰前のドル経済のような好条件のシステムとは異なった。

映画産業もテレビの普及と共に隆盛期が過ぎ、百貨店も安定期へと移り変わり、日本の高度成長期やその後の時代の流れと連動していく。「モノ」や「娯楽文化」が満たされ、消費の動向や商業の形態も変わっていく。

その後、国際通りの真ん中辺りにランドマークのように聳(そび)え立った中高層の商業複合ビル「那覇タワー」の出現は圧巻だった。一大イベントの海洋博（沖縄国際海洋博覧会）に向けて色めきたった沖縄は、本土同様、一九七〇年代半ばから始まったとされる消費社会の現象と重なり合ってく。海洋博後には、国際劇場跡地や周辺に商業複合ビル「国際ショッピングセンター」が完成。

一九七八年の交通方法の変更（通称七三〇）により、右側交通から左側交通へと変わり、人の流れと車の流れが変わりいろいろなシーンに影響を与えていく。その顕著な例として、凝縮された場所、国際通りも、沿道沿いの商いに変化をもたらす。その後、国際通りのシンボルでもあった映画館は世代交代をするかのように閉館や撤退が進んでいく。

その頃、時代の先端を行く大都市、東京から聞こえてきた「おいしい生活」のキャッチコピー（西武百貨店＝パルコ文化）が消費時代の反転した付加価値を高めるかのように駆け巡った。

ほぼ同時期に、国際通りの起点位置エリアに久茂地再開発事業により、高層複合ビル「パレットくもじ」が完成。もう一方では、本土企業による郊外型のショッピングセンターやチェーン店の活性

化現象。那覇や国際通りエリアは点在するホテルや高層ビルの完成によって都市の風景を醸し出していく。中高層ビルの高い水平視線で結ばれた風景は、先端都市と連動するかのようにグローバル化の道を歩んでいく。

「青い海、青い空」をキャッチフレーズに自然環境や沖縄文化、コロニアル文化を上昇させた時代を経て、観光客の増加と連動するかのように国際通りには土産品店が急速に増えていく現象が起きる。

国際通りの歴史と共に歩んで来た古い建物群が、今も残っている。変わり行く時代をつかみとり、一本の龍のようにうねりながら、意匠を変えて躍動する。その場所性を強調するかのように。

国際通りのデビューに貢献し、その時代を開拓した方々の姿がシンボルの銅像となって、フェードイン・フェードアウトする。

桜坂界隈

復興期のエネルギー

「桜坂」という言葉の響きを耳にするだけで、桜坂隆盛時代を懐かしむように視線は遠くの方へ彷徨（さまよ）い始め、思い出話に現（うつつ）を入れ込む方々に出会うことも多い。

戦後の復興期を追いかけるような勢いで神里原（かんざとばる）から壺屋、牧志一帯は住宅地に混じって商いの空間が増えていった。終戦直後の壊滅状態の那覇は未開放地帯であり、米軍部隊の拠点として機能していた。

先ず一九四五（昭和二〇）年に壺屋の陶器製造産業先遣隊が壺屋一帯に戻った。それに伴い、その家族や親戚などが移り住み、急激に人口が増えていった。一九四七年頃に、開南（かいなん）交番所があった付近から露天の中央劇場辺りに闇市が自然発生的に出来ていった。

八〇歳代の方に聞いたところ「闇市の商品はアメリカの物資で、多くの庶民が買い物をしていた」と話した。逞（たくま）しい露店商人たちが禁制品を売りさばいたのが、戦後の那覇における復興期の商いの始まりだと言える。後に、五〇〇人前後の露天商は一年足らずで商業従事者が五〇〇〇人を超え、公設市場へと発展し、一九五〇年頃には牧志一帯を含めてのオフ・リミッツが解禁され、さらに発展していった。

桜坂劇場の前身、珊瑚座の館長だった山城さんが劇場の前に桜を植えたことから一帯は「桜坂」と呼ばれ、その名前の由来になったことはよく知られている。歓楽街も当時芝居小屋のあった神里原界隈から賑わい、桜坂界隈へと拡がりをみせる。

その隆盛期は一九六〇年代から七〇年代の末頃であり、その頃の桜坂時代を謳歌した世代は、団塊の世代の上あたりから、現在、九十歳代を迎える年齢まで幅広い。社交街と歓楽街をミックスして、小さなバーから生演奏付きの大規模のキャバレースタイルまで様々。夜の会議空間として深夜まで賑わった。

今でもその界隈を歩いていると、その名残のある店を見ることが出来る。躊躇することなく扉を開けると、あの当時の空間に出合う。原色のビニールレザーのソファに一本足のカウンターイス。曲面の天井ラインには大粒の吹き付け塗装が施され、プラスチック製の派手な色のペンダント照明が吊るされ、何故か共通した雰囲気を醸し出していた。

樹脂系の張り物のカウンターの周囲にはクッションを詰めたビニールレザーの腕置きの縁周り。そのカウンターの中で、四〇年以上の歴史を桜坂と共に歩んできた老齢の女主人は語り始める。隆盛時代の桜坂を懐かしむように。

「あの当時は、ほとんど毎晩、深夜までやっていた。酔いつぶれた常連客用に毛布も準備していた。お客も年を重ねていき、一人ずつみえなくなっていった。その当時の店が閉店していくのを見ながら、桜坂が変わっていくのを感じている」

古い店舗が解体され、空き地やコインパーキングスペースに変わっていくのを目の当たりにしながら、未だに残る点在する古い建物群が月夜に浮かび上がる。昔を偲ばせる路地を歩いていると、その時代がざわめき始め、居心地の良さと安堵感が偲びよってくる。

隣の空き地から、擦れるように哀調を帯びた嘉手苅林昌（かでかるりんしょう）の「時代の流れ」が聴こえ、桜坂歓楽街の六〇年代と重なり合うように転がり始める。

ABC
2005.3
桜坂界隈 1950年代
Chushin. O
Roselle K.

パラダイス通り

タイムスリップした原風景

戦後の那覇は壺屋を起点に神里原(かんざとばる)、牧志一帯へと急速な復興を遂げ、商いの場所が増殖していく。一九四八年頃、アーニー・パイル国際劇場（現てんぶす那覇館辺り）の開館によって戦前、開通した那覇と首里を結ぶ一直線の新しい県道は国際通りと呼ばれるようになった。

戦後、自然発生的に闇市や店舗が増え、映画館や百貨店等の大型商業施設と相乗するかのように、点から線へと拡大していった。戦後の復興のシンボルでもある国際通りは、時代の流れに乗りながら時の貌を映し出している。

東西に延びる一本の軸線、国際通りの真ん中辺りを交差するむつみ橋交差点。北側には沖映通り、南側は市場通りや平和通りの商店街が面上に広がっていて、その一本の軸線を支えるかのように包み込んでいる。

旧山形屋（ホテルＪＡＬシティ那覇）の横の筋道を入るとニューパラダイス通り（通称パラダイス通り）へ出る。やや国際通りと平行に延びるパラダイス通りは突き当たりを右側へ行くと沖映通りへ出る。小路の両側には未だ戦後間もない頃の那覇市の狭い単位の区画整理によって出来た小さな民家群が建ち並んでいたが、その名残は今も見ることが出来る。

まだ米軍の施設があった頃、通りの名前の由来ともなっている「レストラン・ニューパラダイス」が営業を開始した。その後店は繁盛し、近くに「ダンス教習所」がお目見えしにぎわった。そしていつ

2003.4

しか「パラダイス通り」として親しまれていった。

映画のセットのように国際通り沿いに一列に建ち並んだ店舗群と、パラダイス通り沿いに軒を並べる小さな木造の民家群の風景を俯瞰してみると、時間の断層が見えてくる。賑やかな国際通りのビルやパラダイス通りの民家の隙間を抜け道に歩くと、瞬く間にタイムスリップした原風景に出会うことになる。

墓や石灰岩の入り混じった森は戦前や終戦直後の風景のままである。「ダンスクラブ隆盛時代」に少しタイムスリップしながら哀愁を引き寄せてみる。若者たちの憩いと娯楽を吸い込んだ僅か五〇〇メートル足らずのパラダイス通り。ジルバ、ルンバ、ワルツ、ブルース、マンボ、クィック……タンゴまで。

リズムに乗ってダンスを楽しんでいる光景や壁側に佇んでいる光景。室内の熱気は音を増幅させながら木造の空間をすり抜けて外部の小路へ流れ、森の中の石灰岩へ吸い込まれていく。

六〇年の時間の奥行きが隣接して、不思議な空間のコラージュが見られ、ラビリンスの空気感が漂っている。赤瓦、セメント瓦、トタン屋根の木造家屋の佇まいは国際通りの背後に今でも数多く残っている。

樋川の路地
路地集落の見果てぬ夢

長い間、スージグヮー（路地）を歩いている。今、流行のスージグヮーを散策することが目的ではない。幼年期の頃から、否応無しにスージグヮー生活者の知人たちが多かったのである。

戦後一九五〇年代から六〇年代、沖縄の戦後の復興と歩調を合わせ猥雑に増殖していったスージグヮー。通り過ぎるだけの道としてではなく、コミュニティーの内側として育まれていったのである。それは路であり、遊び場、溜まり場、井戸端会議、公民館、商い、年齢を問わず、生活を抱え込んだ空間であった。

軍政下における那覇市の戦後の復興は壺屋を皮切りに、開南地区、樋川(ひがわ)辺り、与儀、農連市場、神里原(かんざとばる)一帯までつながっていく。那覇市の区域の変動もあったが、一九五四年頃の人口一一万人近くから、三年後の一九五七年頃には人口一八万人を超えるようになる。瞬(また)く間に蜘蛛の巣状の狭い路地と木造の民家群の集落が形成されていく。突然変異のように変わった戦前と戦後の那覇の街。中心性をもたない多核的な都市形態とも呼ばれ、作家の島尾敏雄が述べたようなラビリンスのまちでもある。

生活そのものが路地を媒介に成り立っていた。いわゆる「歩行コミュニティー」である。スージグヮーの界隈は木造の小さな民家群と人々で賑わっていた。買い物、遊び場、用事、仕事……ほぼ全ての日常はスージグヮーと共にあり、非日常の遠出を除き生活マルゴトであった。

眩(まぶ)しく埃(ほこり)っぽい地べた、ぬかるんだ地べた、ひんやりした日陰の地べた、どぶ板の軋(きし)む音、水溜り、洗濯物、アカバナ、空き地、けだるく歩く犬や猫、板壁、植木鉢、コンクリートの水タンク、井戸、ガジュマル、クロトン、トタン、マチヤグヮー、木戸の開閉音、細長い空と雲……。いろいろなモノが狭い空間でひしめき合い、混在した生活風景を醸し出していた。

道幅一メートル足らずのスージグヮーをいつものように歩いていると、両側の板壁の奥から、両方の話し声が聞えてくる。多少歩行速度にブレーキをかけ、幼年期の既視感に浸りながら炎天のトタンと日陰の気だるそうな猫に目をやる。

天空の満月には、狭い路地が白く輝いてうねりながら伸び、おいでおいでと誘惑する。細く切り取られた満月の夜空が路地と同様に伸びている。昔のスージグヮーは見果てぬ夢となった今、通り抜ける路地とし、慰安されながら歩いている。

「……それは蓋し其の路地に住んで始めて判然するので、一度や二度通り抜けたくらいでは……都市の面目、体裁、品格とは全然関係なき別天地である。……夏の夕は格子戸の外に裸体で涼む自由があり、冬の夜は置炬燵に隣家の三味線をきく面白さがある。……喘息持ちの隠居がセキは頼まざるに夜通し泥棒の用心となる」（永井荷風「日和下駄」）を思い浮かべながら。

樋川の路地
2007

トビキ村から

コザへのオマージュ

ハリウッド映画やブロードウェイ演劇にもなり大ヒットした「八月十五夜の茶屋」は、米軍の沖縄上陸作戦に従事したヴァーン・スナイダーの原作小説がモデルとなっている。

スナイダーは軍政要員として避難民収容所の地区隊長に従事した。「八月十五夜の茶屋」はその体験を基にして描かれた小説である。戦争終結前後の避難キャンプの沖縄住民と西部太平洋陸軍、占領軍司令本部が織りなす突発的な出会いで起こる様々なシーンは喜劇的でもある。小説（ヴァーン・スナイダー原作、梓澤登新訳）の舞台となる架空の集落トビキは、訳者によると本島中部の桃原（とうばる）地区辺りだと確信されている。

水彩画は、その当時のコザキャンプの嘉間良（かまら）の収容所を参照にして描いた。占領軍の事務所や米軍のキャンプ（テント群）、住民のエリアなどが点在し、突然現れた風景のコラージュである。

戦前の中部の泡瀬は塩田が広がり、山内や諸見里周辺は柑橘類、竹細工などの生産が盛んであった。その当時（戦前）の農村風景に入り込んで、想像しながら歩き始める。

ムムウイアングヮー（桃売りの若い女性たち）が馬車に揺られて山桃を売りに行く姿を見かけた。心地良く歩調を合わせていたら、物欲しそうに見えたのか数個を差し出した。「何処まで売りに行くの？」と聞くと「那覇の市場まで」と返事が返ってきた。桃を口に入れ、食べながら暫（しばら）く付いて歩いた。

その牧歌的な村々も戦場と化した。

2013.1

米軍は、上陸地点の読谷、嘉手納、北谷から僅(わず)か二日程で太平洋側に到達、本島を南北に分断する。上陸後、数日目にして数千人の住民が越来(ごえく)村字嘉間良の米軍地区本部の置かれたエリアに収容された。その一帯の集落の姿もほぼ残ったと思われる。その頃すでに米軍は嘉間良、室川(むろかわ)、越来、安慶田(あげだ)方面を「キャンプ・コザ」と呼んでいた。

戦後、近隣の十区が古謝(こじゃ)（胡差）市としてスタートする。牧歌的な田園地帯から突然、米軍基地の街として変貌と発展を進み続けたコザの街。横文字の基地経済都市は民謡などの芸能文化とロック、コロニアル文化の様相をミックスさせ、バイタリティー溢れるコザを育んでいく。

六〇年代半ば、那覇からコザ行きのバスに乗り、センター通り辺りのＰＡＷＮＳＨＯＰと書かれた質店でヒット中のビートルズのＬＰ盤を一ドルで買った。他のアーティストのＬＰ盤も容易に手に入った。浮き足立った帰り道、普天間にあったスター靴店に入り、遠慮がちにビートルズのブーツの写真を見せ「このブーツと同じもの作って」と呟(つぶや)いた。

沖縄の中の前線地帯として、場と身体性をもって潜り抜けてきたコザの街。

「唐の世から　大和の世　大和の世から　アメリ世　ひるまさ変わたる　此ぬ沖縄……」

嘉手苅林昌(かでかるりんしょう)の歌声が聴こえてくる。

B・C通りブルース

基地のフェンスに隣接する街

　コザ（沖縄市）のエリアは戦前の牧歌的風景から突然、戦後の基地経済都市として変容した。基地のフェンスに隣接するように生まれた八重島区の歓楽街から照屋本通り、中の町、吉原特飲街、ゲート通りの北東側に平行に走るセンター通り。どの通りも原色の横文字の看板が入り乱れて賑わいをみせている。（センター通りは「B・C通り」とも呼ばれ、現在は中央パークアベニューと名前を変えている。）

　胡屋十字路を基点に西側のゲート通り、その突き当たりには嘉手納基地が巨大な滑走路を抱いている。朝鮮戦争、ベトナム戦争、湾岸戦争などの出撃基地となった嘉手納飛行場。その基地の街は出兵や束の間の帰休を楽しむ歓楽と癒しとしての機能を装備するようになった。

　「CLUB」と書かれたネオンサインが通り沿いの各Aサインバーをアピールする。六〇年代の終わり、金武の基地の前の店内は米兵で賑わい、地元沖縄の五人編成のバンドがハンク・ウィリアムスの曲を演奏している最中だった。

　ミラーボールや原色で薄暗い店内は煙や酒と化粧の匂いで充満している。来月からはセンター通りの「キャッツ・アイ」での半年間の契約を交わしたバンドのリーダーはホッとしていた。ハコ（決まった店で数ヶ月以上演奏）の仕事は安定して気が楽である。手間も省け、五〇ドル前後の日当になる。特に二週間毎のペイデイは生と死の狭間で戦った兵士たちが、戦場の匂いと極度の疲労感を漂わせ束の間の平和を貪るように過ごした。

そのような情況下でオキナワン・ロックは研ぎ澄まされ、名をあげたバンドは数多い。ロック系ではない「キャッツ・アイ」の店内はポピュラーなジャンルをベースに「サウンド・オブ・サイレンス」や「風に吹かれて」などが流れていた。

店内は帰休兵とホステスで沸騰し溢れ、賑わっていた。二五セントコインでセブンアップ割りを注文して隅の方に立っていると、缶にドル紙幣を押し込んでいく店員の姿も見られた。コインが音を立てて床に落ちても拾う様子もない。

バンドは地元のプロダクションの計らいで基地内のCLUBも移動した。北のキャンプ・シュワーブから那覇まで。バンドの編成内容も基地の経済に連動していった。ビッグバンドの時代から少人数編成のバンドの時代を経て、フィリピンからの遠征バンドが基地内外にも流れ込んでくるとバンドのマーケットも衰退していき、本土復帰へと時代の流れは加速していった。

歌詞カードの無い「風に吹かれて」の原盤を拾い見ていると、一人の兵士が近づいてきて、紙切れに覚えている歌詞を横文字で書いて渡してくれた。

一九七〇年十二月のクリスマスも間近な未明、遠くの方で騒音が聴こえてきた。米施政下での圧制や人権侵害に対する不満が騒乱の引き金にもなった「コザ暴動」だった。

私は兵士が渡した歌詞カードを折り曲げて原盤に挟んだ。

CLUB
CLUB

転移する地理と場

基地経済のコザの街

嘉手納飛行場や米軍施設と隣接する沖縄市（旧コザ市）はパッチワークの縫い目のように南西から北東に伸びる高速道路に沿って南側に位置している。

去る大戦によって突然変異のように現れた基地に縫い込まれ、基地経済の街として侵食と増殖をくり返し、米兵を対象とした特飲街と土産品店街がミックスされながら形成されていった街。特異な消費経済によって隆盛の時代の波を潜り抜けてきた。

米軍が設置した風俗施設認可基準に合格した店には「Aサイン」の営業許可書が与えられ、店頭に表示することを義務付けられた。空間から見える事象はその「Aサイン」の特異性からも容易に考察することが出来る。ペイデイ直後のセンター通りを中心に一晩で三万人もの米軍人が流れ込んだと言われる。

先日の昼下がり、嘉手納米軍施設に隣接する八重島を起点に歩き始めた。人気のない道の両側には半世紀以上を経過した建物が眩しい日差しに照らされて無言のまま風に吹かれている。

建物の背後の梢が揺れ、人の気配を感じて振り返ると広大な基地のフェンスが衝立のようにガードを固め半世紀前と何ら変わらないまま、きれいに刈り込まれた芝生が緩やかな曲線を際立たせている。もう一度、振り返って八重島の界隈を眺めた。その境界線に佇むと、時代の波を潜り抜けた二つの空間が浮かび上がる。一つは半世紀に渡り変わることのない基地の風景。そしてもう一つはその基地の派生によって誕生、活性化した特飲街の形骸化した風景である。祭り

TAXI
2013.10. Roselle.K

のあとのようでもなく、残された風景は佇み続けている。

夕暮れの風が吹き始めると、百軒以上の店のネオンサインが点灯し、広い夜空の下は、西部劇に登場する映像のように街路は色めき立ち、米軍人で混雑し始めた。しばらくその映像の中に身を委ねていると、犬が吠え、我に返る。再び静かな風景の中を歩き始め、緩やかな坂道を下りて行く。

嘉間良からせいじゃ橋を渡り越来の坂道を上がって行くと国道三二九号に出る。緩やかな下り坂を南下すると左側は吉原、右側は城前町があり、胡屋十字路を通る国道三三〇号と交差するコザ十字路に出る。十字路付近は道路整備がなされ幅員が広がり、沿道の古い建物の姿も消えた。戦後、米軍によってアスファルト舗装された照屋十字路はコザ十字路と呼ばれるようになった。

コザ十字路市場（現在の銀天街）は地元の人たちの市場として活気に満ちていた。その地理的な派生から市場の南側には米軍人相手の店が軒を連ね、後に、照屋地区は黒人のテリトリーの特飲街として知られるようになった。

銀店街を通り抜け、かつての特飲街の路地を歩いてみる。道の両側には半世紀を経過した古い建物が軒を連ね、かつて塗装された壁面は風化する中で、残された店名を読み取ることが出来る。

八重島と共通するように動かない建物は時の流れに任せているかのように見える。基地の街の地理的な特殊性と派生する事象は、空間を包み込む時間やその性質の変貌を如実に浮かび上がらせている。

津堅島

キャロットロードの昼下り

沖縄本島の東海岸線に沿って平行に点在する島々がある。知念半島の東側の海上に位置する久高島から始まり、その北側方向に津堅島、浜比嘉島、伊計島がほぼ等間隔に海上で連なっている。浜比嘉島と伊計島の間には海中道路で繋がっている平安座島と宮城島がある。知念半島と勝連半島に抱かれるように中城湾があり、かつての山原船の往来で賑わった時代を想起させる。

中城湾を回りこむように勝連半島辺りまで行くと、民謡歌手の神谷幸一や神谷千尋の歌が潮風に混じって聴こえてきたので、津堅島の船に乗った。船上の途中、本島を振り返ってみると東海岸線の中南部から北部まで視野に入り、小さな沖縄本島が大陸に見えてくる。

平敷屋の港から約三十分程（フェリーだと十五分）で島に到着。数年前と景色が殆ど変わらない。縦長の島の南西側の港に立つと、小高い島の集落が迎えてくれるが人気がない。

昼下がりの集落の路地を歩き回ってみると数軒のマチヤグヮーがあるが、店頭にはやはり人気が見えない。去る大戦で激戦地になった島民は本島に避難した。戦後の復興期に建ったと思われるコンクリートブロック造の家並みにブロック塀が路地の境界をうねるように伸びて行く。

水源地だった「ホートゥガー」近くに肩を寄せ合うように佇む集落。道端のコバテイシの木陰で一休みをして辺りを見ると食堂が目に入ったので甘い津堅ニンジンの山盛りを食べたいと思い、店内を覗いても姿が見えない。外へ出てもう一本のコバテイシの木陰に居た数人の男たちに訪ねると「店には居ない。皆、ニンジン畑に出ている」と素っ気無い返事。

少し小高い丘の集落の界隈からは、低くなった平坦な島の畑を遠くまで見渡すことが出来る。視線を低くして本島側を眺めると、小さな島が本島と陸続きに見えてくる。

ぶらぶらと舗装された農道を歩き始める。周囲約七キロの島は小さくても広い。赤土のニンジン畑にも人気が見えない。平坦な島の空はいやに広く感じられ、お椀を被せた内側に居る様な錯覚に陥って目眩（めまい）がしてきたので、コバテイシの木陰の方向へ引き返した。まだ、先ほどの男たちが静かに談笑している。風が吹いて、時間が止まった。

腹が減ったのを見透かされたのか、一人の男がゆっくり立ち上がって、先に歩き始めたので無意識に付いて行った。一軒の民家に入り「おばさんご飯あるね？」と聞くと「あるよ」との返事。路上で会った見ず知らずの人が見ず知らずの人を連れて、いきなり「ご飯あるね？」ときたので、つい深呼吸をして島に来たのだと強く感じた。少し固めになったご飯とニンジン、味噌汁の味が眩（まばゆ）い路地と絡まり、静かな風が路地を抜けていった。

顔見知りだけが往来する島の路地は集落の廊下のようだ。飯島耕一の詩の中にあった池間島の路上のワンシーンを思い出しながら船に乗った。

与那原大綱曳

四〇〇余年の綱曳が大地を叩く

各地のハーリー（糸満はハーレー）が終わり、梅雨が明けると、夏の到来を告げるかのように蝉の合唱に混じって藁を編む人たちの姿を見かける。沖縄の三大大綱引（那覇大綱挽、与那原大綱曳、糸満大綱引）のひとつ、与那原大綱曳は四〇〇余年の歴史をもち、本番に向けての準備が始まっている。主に南部を中心に各地で行われている綱引は約一七〇カ所を数えるという。その由来は農耕儀礼のひとつとして五穀豊穣、雨乞い、害虫駆除の祈願などが挙げられる。

与那原町では、区ごとに決められた場所で綱作り（ツナウチ）をする。蝉の合唱と掛け声がリズミカルに交じり合っている。綱作りの作業は、雄綱を東側エリア、雌綱を西側エリアに分け、各区を配分して行われている。大綱になる部分の綱が出来上がると、東側と西側の本部に運ばれ、一本の大きな雄綱と雌綱の仕上げ作業を経て、本番の時を待つ。

東と西の両綱を合わせて五トンの大綱は、長さが九〇メートルとなる。綱曳の準備作業期間の町内は、二つに分かれたかのように緊張感が漂う。特に「綱むし」（綱曳の季節になると普段の様子と一変して、士気が異様に高ぶる人たちをこう呼ぶ）たちは、本番に向けて集中力を高めながら全体に気を配り作業を進めていく。

雄綱と雌綱に差し込まれるカナチ棒（貫抜き棒）、綱のカナチ部分を持ち上げる三尺棒や六尺棒、旗頭、金鼓隊に銅鑼やボラ（法螺貝）、メーモーイ（前舞）、本番の綱の上に立つ支度など、役割ごとに盛り上がりをみせ、町内の夏はますます熱くなっていく。綱曳の歌の

一節にある「鼓の音が鳴ると家に居られない　どうか我が両親よ行かせてください」というように、本番の日の朝を迎える。

東西の綱のスネーイ（示威行進）が始まる。メーモーイに旗頭、金鼓隊で士気を高めた後、東西の雄綱と雌綱にムカデの足のように差し込まれたかつぎ棒に載せられた大綱は、担ぎ手たちによって頭上高く持ち上げられる。雄綱の先端が雌綱の先端に入り込むやいなや、その一瞬を待ち構えていたカナチ棒を持った男たちが動き出すと共にカナチ棒が差し込まれ、二つの大綱が結合する。

その瞬間、何の合図もなく頭上高く持ち上げられていた両綱が地面に叩き落される。同時に、綱の上にいた支度たちが舞い下りるように綱曳の群れの中へ消えた。大綱と担ぎ棒が乱舞、怪我人が出たりする瞬間である。

綱に群がっている数百人の綱曳きたちが大綱を鷲掴みにして上下に叩くと、枝綱の綱曳きたちが開くように曳き合う。東西の大綱は蛇がうねるように大地を揺さぶる。勝敗の合図まで、東西の大綱は踊るように上下にうねり続ける。綱曳の前後に旗頭、金鼓隊、銅鑼、ボラに混じってメーモーイの女性たちの踊りで東西の大綱の周りは一心不乱の極限状態となる。

勝負がつくと、大綱曳を讃えながら、その慰労と余韻を分かち合う。鼓の音が綱曳きを終えた大綱に染み込んでいくのを耳に残しながら、軽便鉄道の駅が復元されるという与那原駅に向かった。

八重山の「アンガマ」

あの世とこの世がコラボする

沖縄諸島から宮古列島や八重山列島の島嶼群が入った『日本沖縄宮古八重山諸島見取図』（明治一八年発行／賀田貞一編）の古い地図がある。南西諸島は、九州の南端から台湾に向けて大隅諸島、トカラ列島、奄美諸島、大東諸島、沖縄諸島、宮古列島、尖閣諸島、八重山列島へと北東と南西のラインを形成している。そのライン状の北側には中国大陸との間に東シナ海が広がり、島々の南側は太平洋である。

これらの島々の連なりを高度七〇〇キロ程のランドサットの画像で見てみると、明治時代に作成された平面の地図は、リアルな写真の画像として眼前に現れる。

弓状に連なった島々はユーラシア大陸に挟まれた比較的浅い海の色で、東シナ海のエッジのラインを形成している。その南西諸島の太平洋側は濃い青の深い海溝となっている。

海底を陸地に例えると、南西諸島は岸壁に連なる島々を想像させる。ランドサットの垂直視線の無かった長い歴史の時代を夢想してみる。決して水平視線では見えなかった大海原のエッジの弓状に伸びる岸壁。

水平線の向こう側に語り掛け、交信することにより希望を膨らませ、沢山の神話や物語を身近に引き寄せて来た島々。

帆かけサバニに乗り、北風に乗り、南西諸島を南下する夢をみた。奄美大島、徳之島、沖永良部島、沖縄本島を経由すると、次に目指す宮古島までの距離は途方も無く長い大海原の連続。

夜空を仰ぎながら宮古島、多良間島を経て八重山列島の石垣島にたどり着いた。

オナリ神に感謝をし、船酔いの身体でアンガマの面を見ていたら、あの世とこの世が混ざり合い、潮風で擦(かす)れた声は、あの世からきたウシュマイ（翁）の裏声となった。

路地の向こうから音を鳴らしながら練り歩く集団が近づいて来る。旧盆に来訪するあの世からの使者、アンガマの一行だ。ウシュマイ（翁）にンミー（お媼）にファーマー（子・孫）と呼ばれる花子たちを引き連れて集落の家々を回り、先祖の霊を供養する。家族や親戚、地域が渾然一体となって念仏歌や踊り、三線や太鼓、笛の音に混じってウシュマイとンミーの裏声がこの世に響き渡る。現世の人たちとの珍問答が交わされユーモアの渦となる。

月夜の下、濡れたように照り輝く緑葉と白い道。人力車に乗って、石垣、登野城(とのしろ)、大川、新川、平得(ひらえ)、大浜、真栄里、宮良までを練り歩き、アンガマ人力車の夜となった。

数百年も続いてきたあの世の裏声がこの世と溶け合い、集落の路地また路地に響き渡り、あの世が実体となってこの世と語り合う。この世からみるあの世でもなく、あの世からみるこの世でもなく、「このあの世」の濃密な空気が島々の石灰岩の地層を流れ続ける。

今や沖縄の観光・年中行事の芸能文化として幅広い人気を誇るエイサーも旧盆に行われる。念仏踊りといわれるエイサーもアンガマとの濃い横断性をもつ。

アンガマのファーマーたちが麦門冬(ばくもんとう)の俳句のように「月の方へ蔭の方へと踊りけり」になったので、竹富島、小浜島、西表島、鳩間島、新城島、黒島、与那国、波照間島を経てパイパティローマの楽土へ。

Rosella K

主な参考文献

「古琉球の政治」『伊波普猷全集 第一巻』所収、伊波普猷著、一九二二年　平凡社
『新版　琉球の時代』高良倉吉著、一九八九年　ひるぎ社
『那覇の今昔』沖縄風土記刊行会編著　那覇出版社　一九六九年
『琉球歴史・文化史総合年表』附属「資料編」又吉眞三、一九七三年　琉球文化社
『玉城村史　第八巻　上　文献資料編』二〇〇六年　南城市役所
『幻想の街・那覇』牧港篤三著　一九八六年　新宿書房
『幻想の古代―琉球文学と古代文学』古橋信孝著、一九八九年　新典社
『南方文化の探究』河村只雄著　一九九九年　講談社
『琉球花街 辻情話史集』来和雀・渡嘉敷錦水著、一九四九年、沖縄郷土文化研究会
『風水思想と東アジア』渡邊欣雄　一九九〇年　人文書院
『那覇の空間構造』吉川博也著、一九八九年　沖縄タイムス社
『古代歌謡と南島歌謡』谷川健一著　二〇〇六年　春風社
『民俗学の愉楽』谷川健一著、二〇〇八年　現代書館
『南島旅行見聞記』柳田国男・酒井卯作編、二〇〇九年　森話社
『琉球王権の源流』谷川健一・折口信夫著、二〇一二年　榕樹書林
『琉球古道―歴史と神話の島沖縄』上里隆史著、二〇一二年　河出書房新社
『音の力〈沖縄〉コザ沸騰編』一九九八年　インパクト出版会
『沖縄文化論―忘れられた日本』岡本太郎著、一九九六年　中央文庫
『沖縄物語』古波蔵保好著、一九八一年　新潮社
『テンペスト　上・下』池上永一著　二〇〇八年　角川書店
『辻の華―くるわのおんなたち』上原栄子著、一九七七年　時事通信社
『絵はがきにみる沖縄』一九九三年　琉球新報社
『死と再生の原郷信仰〜海を渡る神々』外間守善著、一九九九年　角川選書
『新編・琉球弧の視点から』島尾敏雄著、一九九二年　朝日文庫
『沖縄人はどこから来たか』安里進・土肥直美著、一九九九年　ボーダーインク
『与論島―琉球の原風景が残る島』高橋誠一・竹盛窪著、二〇〇五年 ナカニシア出版
『琉球の歴史と文化「おもろさうし」の世界』波照間永吉著、二〇〇七年　角川選書
『地名を歩く増補改訂』南島地名研究センター編 二〇〇六年　ボーダーインク

ローゼル 川田（ろーぜる かわた）
沖縄県那覇市首里生。パスポートで本土の大学へ、卒業後、関西での生活を経て復帰後、帰沖。設計業務に携わりながら、エッセイと水彩画を続ける。「アトピックサイト」東京都主催・「アーティスト・イン・レジデンス沖縄」に携わる。『沖縄タイムス』「暗夜のスコール」連載挿絵、『詩とファンタジー』（かまくら春秋社）挿絵。2011年『琉球新報』「琉球風画夢うつつ」エッセイ+水彩画の連載開始。現在、琉球新報副読紙『かふう』にて連載中。2011年絵はがき「琉球風画帖　水彩画」を発行。

琉球風画帖 夢うつつ

2014年6月20日　初版第一刷発行
●著　者　ローゼル川田
●発行者　宮城　正勝
●発行所　（有）ボーダーインク
〒902-0076 沖縄県那覇市与儀 226-3
電話　098(835)2777　fax098(835)2840
http://www.borderink.com

●印刷所　（株）近代美術

ISBN978-4- 89982-258-5